Padey (Benoît). —
Des secrets de la baguette et du pendule des sourciers.

Complément du tome II. Radioactivité humaine, par Benoît Padey.

St Dizier, impr. A. Brulliard | Paris, Librairie Deforges, Girardot & cie,

1930 (2 déc.) In-8°, 43 p., figures.

DES
SECRETS DE LA BAGUETTE
ET DU
PENDULE DES SOURCIERS

Complément du Tome II

RADIOACTIVITÉ HUMAINE

PAR

BENOIT PADEY

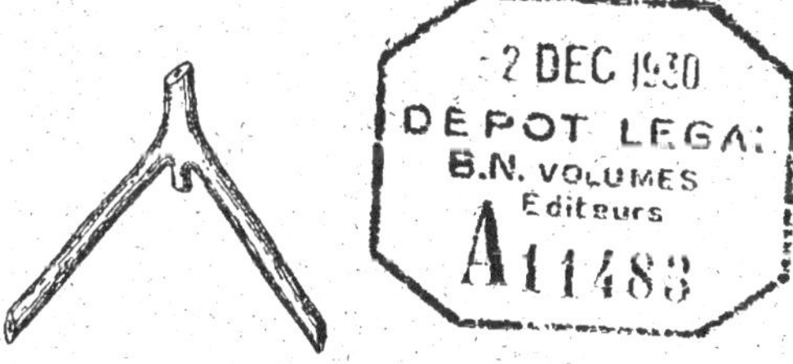

LIBRAIRIE CENTRALE DES SCIENCES
DESFORGES, GIRARDOT & Cie
27 et 29, Quai des Grands-Augustins, 27 et 29. — PARIS (VIe)
1930

CHAPITRE PREMIER

MANIFESTATIONS SENSIBLES DE QUELQUES FAITS DE NOTRE ORGANISME

Nous abordons un chapitre très épineux. Il traite, en substance, de manifestations qui se traduisent en des radiations nous permettant de connaître l'existence de nos faits de conscience.

L'homme produit des effluves, des émanations personnelles, impondérables, qui le caractérisent dans tous ses états, dans tout son être et sous tous les rapports physiques, physiologiques, intellectuels, moraux, etc.

Nous en avons déjà parlé dans notre tome II, au sujet des maladies. Ce que nous disons dans cette brochure n'en est que la suite qui sera bien loin d'épuiser la somme des merveilles que compose l'arsenal du Corps Humain. On a bien raison de dire que l'homme est le Roi de la Création : ses dons et ses facultés sont insoupçonnés et inconnus. Nous sommes incapable de les exposer, de les présenter comme il le faudrait. Aussi prions-nous nos lecteurs d'être indulgents et de nous aider à trouver des idées plus claires que celles que nous exposons.

Dans la crainte de faire fausse route dans ces recherches, très spéciales, nous nous sommes déjà adressé à bon nombre de professeurs de psychologie, et autres savants, en vue d'obtenir leur opinion au sujet des cas à eux soumis.

Un certain nombre nous ont répondu.

L'un d'eux nous écrit : « Vos constatations précèdent une science nouvelle. J'avoue franchement que je n'y comprends rien. Vous parcourez des horizons inexplorés. »

Un autre dit : « Vos vues ne sont pas contre la psychologie, « mais bien en dehors de tout ce que l'on a enseigné jusqu'à « présent. »

La plupart n'osent donner un avis, affirmer ou nier. « Adres-« sez-vous à de plus compétents que moi », nous disent-ils.

La dernière en date des personnes consultées nous écrit ce qui suit : « Vous ne faites que décrire des sensations, des « manifestations. Dès lors, vous ne philosophez pas. On ne « peut préjuger, ni contredire. »

Non, nous ne philosophons pas. Ce n'est ni notre rôle, ni notre intention. Notre seule prétention est de décrire les faits tels que nous les constatons.

Loin de nous la pensée de supposer nos expériences impeccables.

Dans un travail de ce genre, plus d'un phénomène peut échapper à la rigueur du meilleur contrôle. Nous vous prions donc, cher lecteur, de vouloir bien nous signaler les erreurs susceptibles de s'être glissées dans nos expériences. Nous serons heureux de les redresser dans la mesure de nos faibles moyens. On a toujours besoin d'un avis averti.

Par notre terminologie, nous admettons une théorie de vibrations inconnues.

Nous l'avons dit ailleurs et le répétons plus loin. Il faut, de toute nécessité, lire et se bien pénétrer de la valeur des expressions employées en parcourant attentivement notre tome Ier, 3e édition.

Avant d'entreprendre ce traité de phénomènes inexplorés, nous avons longuement mûri sur l'utilité que trouvera le lecteur dans la lecture de ces pages. Ne provoqueront-elles pas la risée du public ?

Les premières découvertes de la télégraphie sans fil ont bien étonné le monde. Il eût été infiniment regrettable que les braves chercheurs des ondes hertziennes aient emporté le secret de leurs découvertes dans l'au-delà.

L'idée directrice de nos recherches, sans souci d'une critique plus ou moins indifférente, est de nous rendre utile à notre prochain.

Notre travail n'est peut-être pas d'une très grande portée. Il apportera peut-être son petit grain de sable à cette science embryonnaire.

Il permettra un peu à des chercheurs plus heureux de trouver le chemin de découvertes plus importantes.

En toute étude, ce qui, *a priori,* semble insignifiant, peut avoir, plus tard, des conséquences incalculables.

Nos données concernant ces rapports entre faits impondérables à manifestations sensibles offrent, à première vue, une impression de rationalisme.

Un examen approfondi de ces questions est indispensable pour porter un jugement définitif.

Nous présentons les faits tels que notre sensibilité nous les fait constater.

L'autorité peut les contrôler.

Homme catholique, fils soumis, nous acceptons d'avance toute décision de l'Eglise à ce sujet.

Nous restons convaincu que ces manifestations sensibles, d'origine organique, fonction du *métabolisme cellulaire,* ne peuvent avoir aucun rapport avec la *doctrine de la Révélation.*

Nous n'envisageons, au sujet des facultés : vertus, défauts, etc., que la part prise par le corps. Les quantités ou dosages ne représentent pas la totalité, surtout dans le dosage des forces morales. La part du corps, par exemple, peut être ce qui le gêne dans l'accomplissement d'un acte bon : mortifications et autres. Dans l'acte mauvais : le plaisir qu'il prend, sa satisfaction et autres. Mais nous ne pouvons nullement apprécier l'intention bonne ou mauvaise, ni le péché, ni la valeur d'une prière. Nous sommes bien sûr, d'après nos nombreuses années d'expériences concernant un grand nombre de personnes, que l'Homme produit les radiations que nous signalons et d'autres encore à l'étude.

Pour sentir ces ondes, il faut que l'opérateur possède certaines facultés spéciales.

Dans nos nombreux voyages, nous avons suscité, souvent, l'occasion de parler de ces manifestations, de faire des expériences.

Quelquefois, on nous a posé cette objection : Comment pouvez-vous savoir que tel effet que vous constatez se rapporte à l'intelligence, à la volonté, à la mémoire, etc.. ?

Réponse. — Question peu facile à élucider et qui présente plus d'un côté faible à la critique, car l'illusion peut facilement prendre les dehors d'une réalité. « Renoncez bien à toute intervention diabolique », nous a-t-on dit, maintes fois, sans sourciller.

Rassurez-vous, chers lecteurs, ces phénomènes n'ont rien de diabolique, ni de supranaturel. Ce sont des réflexes, des mouvements physiques déterminés par l'opérateur, par suite d'un acte de volonté se dirigeant vers l'objet visé — c'est ce que nous appelons, ailleurs, interrogation mentale (1).

Dès que l'opérateur a dirigé sa pensée vers l'objet visé, ou cherché, il se produit une ligne magnétique — la ligne magnétique produit cinq ondes, la ligne électrique en produit dix — laquelle, par la voie de terre, ira de ses pieds à l'objet visé et reviendra à sa tête par la voie des airs.

Ce trajet de retour se fait dans la deuxième zone électrique à cinq ondes ou zone éthérienne (V. tome II, p. 19).

La réponse *oui* est indiquée par des vibrations qui impressionnent la tête du côté gauche, en un point non complètement déterminé, et vont produire sur la baguette un choc en retour ou influence d'attraction.

Pour la réponse *non*, les vibrations impressionnent la tête du côté gauche également et elles sont répulsives. Si l'objet visé n'existe pas, aucun effet ne se manifeste.

(1) Voir page 2, tome I, *Interrogations de la baguette et du pendule*. L'étude des facultés se peut faire pendant les 24 heures. Mais pendant la nuit, avec de la lumière, les indications sont bien meilleures.

Dans le cas d'une réponse neutre, la baguette n'indique rien. Il faut avoir recours au pendule.

Pour la réponse *oui*, le pendule produit des girations ; dans le cas contraire, des balancements. Le pendule ne reste jamais indifférent, même dans le cas de deux objets visés à la fois. L'indifférence sur le choix se manifeste par un balancement perpendiculaire à l'opérateur, avec une légère inclinaison sur la gauche. Cette manifestation de la réponse équivaut à « incertain ». Dans ce cas, le fluide en retour vient frapper l'opérateur au milieu de la colonne vertébrale.

Dans le phénomène des interrogations mentales, les réponses oui et non peuvent être l'effet de l'auto-suggestion.

Mais l'auto-suggestion n'existe pas si, à la réponse oui, l'opérateur trouve à gauche de l'influence de sa pensée (voir figure T. P.) un rectangle formé d'une ligne négative au rectangle négatif de côté. Pour le non, ce rectangle se produit du côté droit.

Le pendule mis en position pour apprécier deux choses semblables tourne en rond, si ces deux choses sont à la même dose pour les deux personnes. Il balance vers celle qui en possède la plus grande quantité.

Si l'opérateur veut examiner les sentiments d'une personne à son égard pendant qu'elle dort, rien ne radie, pas même sa pensée à lui-même.

A une interrogation faite par l'opérateur à quelqu'un à distance, la réponse se produit au négatif au 2e plan à droite. Voir la figure T. P.

Mystère ! direz-vous. Comment pouvez-vous savoir que le fluide sort des pieds et revient par la tête, les reins ?

Réponse : Pour connaître, ou mieux pour se rendre compte de la marche de ce fluide, il suffit du concours de deux opérateurs, baguette en main.

Tandis que l'un opère, celui-ci est sous l'influence de ce fluide, l'autre peut contrôler très facilement le départ et l'arrivée de ce même fluide.

Donc il n'y a pas de mystère.

Ce même phénomène se vérifie, dans des recherches d'eau ou de minerai, sur une carte ou plan situé à n'importe quelle distance de l'endroit représenté.

La ligne du fluide interrogateur va de l'opérateur à la carte ou plan, et se dirige ensuite sur le champ, plus ou moins vaste, dont on veut rechercher l'eau ou le minerai à distance. Ce fluide en voyage ne se trompe pas : il s'oriente bien mieux que l'opérateur le plus expérimenté.

Ce fluide, qui ressemble quelque peu dans ses manifestations à la T. S. F., est toujours magnétique ; quand l'examen a pour objet l'activité de nos facultés ou de nos puissances impondérables, les influences sont électriques. Celles-ci sont complexes, tandis que les influences magnétiques sont simples.

Les influences électriques produisent deux rayonnements : l'un anodique ou positif, l'autre cathodique ou négatif ; mais, renversez : la cathode dessus et l'anode dessous, les vibrations humaines sont triples dessous et simples dessus.

Les influences magnétiques n'ont pas de sinusoïdes, mais de simples lignes négatives ou « paramagnétiques » comme les appelle M. Mager. Les influences que nous appelons positives sont nommées par lui « diamagnétiques ».

Il importe de remarquer que les sensations qui répondent aux interrogations ne se produisent jamais pour des faits passés ou à venir, mais, uniquement, pour des faits qui ont au moins un commencement de réalisation, ou bien qui existent à l'insu de l'opérateur, lequel ne pourra les connaître que lorsque le temps l'aura permis.

Remarque : Toutes les heures de la journée ne sont pas également bonnes pour l'emploi des interrogations, de plus, elles varient selon la saison — la plus propice est l'été — en fonction des radiations solaires — les meilleures vont de dix heures à dix-sept heures.

On nous a présenté cette objection : « Si vous pouvez con-
« naître tant de choses secrètes, vous êtes un être dangereux. »

Je réponds : « On est dangereux par l'abus, et non par prudence et conscience de cet art. N'est-il pas utile de se renseigner par soi-même sur la valeur morale, intellectuelle ou « physique d'une personne avec qui on est en rapport, plutôt « que d'avoir recours à quelqu'un qui pourrait, soit pour une « raison ou pour une autre, vous induire en erreur ? Il est « évident, qu'en conscience, il n'est jamais permis de publier « les défauts du prochain appris de cette façon : ce serait « s'exposer à médire, faire des rapports indiscrets. »

Electricité et phénomènes impondérables.

L'exercice de nos facultés est accompagné de phénomènes électriques, mais de phénomènes dus à une électricité différente de celle qu'étudie la physique. Elle a 20 ondes au lieu de 10, et l'amplitude de ces ondes est de 5 mètres ; tandis que les ondes électriques ordinaires n'en mesurent que 0 m. 96.

Mémoire.

La mémoire est généralement spécialisée : on distingue la mémoire des mots, des lieux, des personnes, du goût, des idées ou des équivalences. — Son exercice s'accompagne de radiations derrière les talons de la personne, verticalement, en sillons ou en figures géométriques rectangulaires, dont la largeur est en raison directe de l'importance organique des points de répulsion placés en ligne, sur l'un des bords du sillon correspondant.

Imagination.

Elle a son point d'émission à la tête, un peu au-dessous de l'occiput. Elle va produire, sans ligne de continuité, un rectangle derrière l'homme, à 0 m. 45 de distance.

Opération religieuse.

Le point d'émission d'une impression religieuse serait placé au sommet du crâne.

Amour.

Celui de l'amour moral ou physique serait le bas du cervelet. C'est aussi dans le cervelet que nous indiquons le point d'émission du voleur et du passionné (voir Cleptomanie).

Jugement.

Aux jugements bien équilibrés correspondent 55 ondes. Au-dessous de ce chiffre, le jugement tend au déséquilibre. Il est fortement déséquilibré lorsqu'on ne constate plus que 15 ondes.

Les phénomènes qui accompagnent nos jugements diffèrent suivant la valeur du jugement. Cette valeur paraît se traduire :

1° Par le sens des influences. Il est positif pour le bon jugement et négatif pour le jugement qui produit moins de 55 ondes.

2° Par la longueur de sa ligne d'influence qui est de 0 m. 50 pour le bon et d'une longueur d'autant plus considérable pour le mauvais que celui-ci est plus défectueux. Cette ligne peut atteindre 55 mètres avant que le sujet perde la raison. On peut remarquer que le nombre de degrés correspondant au jugement déséquilibré est le même que le nombre de degrés du jugement droit, avec cette différence que le jugement droit radie au positif, le déséquilibré au négatif. Le jugement droit produit un maximum d'ondes de 85. Nous n'avons jamais rencontré une personne radiant ce nombre.

Métognomie.

La métognomie est la connaissance de ce qui dépasse la portée de nos sens.

Voir certaines choses à venir que d'autres personnes non douées ne peuvent percevoir. Ainsi, une personne métognome peut savoir combien un travail en cours durera de jours, si elle recevra telle ou telle visite inattendue, telle lettre, etc... Cependant, pour que leurs radiations se produisent, il faut que les faits aient déjà un commencement d'exécution. Certains hypersensibles possèdent cette faculté très rare. Ils ont généralement une grande résistance à la souffrance : de 55 à 66 qui est le maximum.

Phénomènes relatifs aux photos.

Influence de l'écriture ou d'une photo.

La présence d'un écrit ou d'une photo quelconque permet de connaître les maladies d'une personne, ainsi que son état mental et physiologique, quel que soit son sexe ou son âge. Rien ne se produit si la personne est présente ; sa présence neutralise les effets qui se produisent à distance. Pour obtenir un résultat, il faut que l'opérateur possède une certaine dose de volonté, disons approximativement 79 %.

L'opération se fait mentalement, en visant la personne que l'on veut examiner. Une influence sort des pieds de l'opérateur et va, par la voie de terre, à la personne visée ; elle revient dans une zone électrique à 5 ondes située à 3 m. 03 au-dessus de sa tête. Cette zone, appelée éthérienne, a une épaisseur verticale de 161 mètres. L'homme n'ayant pas 1 m. 50 de hauteur, cette zone ne s'infléchit pas vers lui.

Il existe, à la gauche de la personne représentée par la photographie, un point sur lequel la baguette est actionnée si le sujet est vivant ; elle demeure inerte si la personne est morte. Le même fait se vérifie avec le pendule.

Si l'on place une règle, un crayon, un objet quelconque sur les yeux de la personne représentée en photo, la baguette n'est pas actionnée, les influences sont neutralisées. Ce fait confirme celui que nous relatons ailleurs, quand nous disions que, si l'opérateur ferme les yeux, il ne perçoit aucune espèce de radiations ou d'influences.

Le cœur et les yeux produisent 25 ondes, positives chez l'homme, et 21 ondes négatives chez la femme.

On peut se rendre compte du moment précis de la mort d'une personne. Si la personne est du sexe masculin, il se produit sur ses pieds 8 points positifs et 8 points négatifs ; si elle est du sexe féminin, 5 points négatifs ; si elle est morte, rien ne se manifeste.

Ces dernières influences sont électriques.

Même examen, par le moyen de l'écriture ou d'un objet ayant appartenu à la personne examinée.

La recherche des maladies par ce moyen se manifeste par des phénomènes analogues. Il suffit de placer, à côté de l'objet ou de l'écrit, une photo quelconque. Cette photo perd ses influences propres pour prendre celles de la personne examinée. On peut connaître également l'état mental de cette personne par ce moyen, à condition, toutefois, que la personne ne se trouve pas dans un état de somnolence pendant l'opération, ou dans l'appartement où se fait l'expérience.

Autres moyens de se rendre compte par des écrits ou des photos si une personne est morte ou vivante :

1° Si l'on approche deux écrits quelconques l'un de l'autre, il se produit, entre les deux, une influence électrique, si les écrits appartiennent à des personnes vivantes ; l'influence est magnétique si l'un des écrits provient d'une personne morte.

2° Lorsqu'on étudie, à l'aide du pendule, les radiations d'une photo de personne vivante, placée à côté d'une photo de personne morte, si l'on appuie, sur un objet quelconque, un des doigts de la main gauche, le pendule étant tenu de la main droite sur l'organe étudié, il change de signe, c'est-à-dire tourne en sens inverse.

3° On nous écrit que l'on peut étudier les influences d'une personne au moyen d'une photo, dans le cas d'un buste ou d'une tête seulement. Cette étude se fait en commençant du côté gauche et en faisant appel au fluide plusieurs fois. La chose est plus difficile encore si l'on découpe le buste d'une revue quelconque.

4° L'influence qui se produit devant les pieds d'une personne photographiée et décédée se dirige de la photo à l'endroit de sa sépulture, et permet de faciliter sa recherche si l'on ne la connaît pas. Telles celles de nos soldats disparus pendant la guerre 1914-18.

5° Le pendule placé au-dessus de la bouche ou du larynx de la photo d'une personne vivante marche par battements, en avant et en arrière, si la personne parle au moment de l'expérience ; il tourne, si elle chante ; il valse, si elle parle à voix basse. Rien ne se produit si la personne est morte.

6° Le pendule placé au-dessus de la paume de la main d'une personne tourne plus vite si elle est jeune que si elle est vieille : les ondes ont une force en rapport décroissant avec l'âge. On peut, par ce moyen, mesurer le degré de vigueur d'une personne.

Remarques. — 1° Une personne passant une heure par jour, pendant 27 ans, devant une fenêtre, verrait sa figure imprimée sur la vitre (1).

2° Sur une photo, on trouve, du côté de la tête, une ligne magnétique se produisant dans la direction de la personne, si elle est vivante. Mais, si elle est morte, la ligne a son point d'émission aux pieds, se dirigeant vers le cimetière où repose le corps. La photo de la personne même n'est pas nécessaire si on la connaît ou si on l'a connue.

Radiations de deux photos.

Deux photos, de sexe différent, placées près l'une de l'autre, à une distance de moins d'un mètre, produisent des radiations. Si ces deux influences s'attirent, il se produit, entre les deux photos, une ligne positive due à l'homme. Si elles se re-

(1) Extrait d'un journal vers 1925.

poussent en dehors des photos, il se produit également en dehors une ligne positive, si les photos représentent deux hommes, et négative, si elles représentent deux femmes. Les influences s'attirent pour les sexes opposés.

Si l'une des photos représente une personne défunte, d'un sexe différent, de celle représentée par l'autre photo, il se produit également une ligne en dehors, du côté de la personne vivante, entre les deux photos : positive si la personne vivante est de sexe masculin, et négative dans le cas contraire.

Remarque. — Deux photos, en présence l'une de l'autre, à une distance inférieure de 1 m. 025, neutralisent leurs influences si elles représentent des personnes différentes. Cela n'arrive pas si les photos représentent une même personne, quelle que soit la distance entre les deux photos.

Remarque. — Une photo prise comme témoin de l'écriture d'une personne au-dessus de 17 ans ne donne rien si elle représente un enfant âgé de moins de 17 ans. De même l'écriture de cet enfant ne produit rien sur la photo, si elle représente une personne âgée de plus de 17 ans.

CHAPITRE II

RAYONNEMENT DES ÉMANATIONS RADIO-ACTIVES DU CORPS HUMAIN

Observations générales.

A chacune de nos facultés correspond un point que nous appelons point d'émission ou point radiant.

Ce point part devant et derrière l'homme, situé dans sa position verticale, c'est-à-dire dans son axe, et produit une figure géométrique, avec ou sans ligne de liaison avec le point.

Description. — Décrire ces figures géométriques.

Les manifestations de l'intelligence, telles que les jugements, les actes de vertu, n'ont pas de ligne de liaison. Pourquoi ?... Nous l'ignorons.

Les autres sensations ont des lignes de liaison entre le point d'émission et la figure géométrique sur le sol, triangle ou rectangle, autour du corps humain.

Point d'émission ne veut pas dire localisation : tout le corps concourt à produire ce point.

Ainsi, nous disons que le point d'émission de l'intelligence est la tête, ce qui paraît normal.

Comme on le verra plus loin, le point d'émission des talents est à la hauteur de l'estomac, contrairement à l'idée courante qui veut que l'homme intelligent ait une bonne tête.

En suivant la ligne des talents qui se produisent derrière la personne, perpendiculairement, au ras du sol, c'est-à-dire sur un plan horizontal, nous avons été conduit à l'estomac. Voilà notre constatation.

Sur une photographie qui ne représente que le buste, nous trouvons ces radiations difficilement ; lorsque la photo représente toute la personne, nous trouvons les radiations des maladies ou autres. Pourquoi cela ?

On verra (voir Plan de l'homme, tome II) que le jugement a son point d'émission au-dessous du genou. Ce qui peut paraître paradoxal.

C'est le point d'émission et non de localisation.

Malgré les remarques qui nous ont été faites par nos lecteurs de la première édition, nous croyons pouvoir, après de nombreuses expériences, maintenir tout ce que nous disons, avec les réserves indiquées, notamment pour tout ce qui touche au domaine religieux.

Autre remarque. — Toutes les sinusoïdes de l'homme sont multiples, c'est-à-dire que la ligne de dessous, qui est à 3 boucles, correspond à une seule du dessus (voir figure II, paragraphe préliminaire).

1° *Rayonnement de la tête.* — La tête doit être considérée comme le centre des manifestations radio-actives de l'homme. Autour de la tête de l'homme se produit une ligne circulaire, à 0 m. 60 de distance.

Puis, à 1 m. 025 de distance de cette ligne, se produisent 22 sinusoïdes représentant 22 matières existantes dans le cerveau.

La ligne est fixe, mais les sinusoïdes tournent autour de la tête au positif, c'est-à-dire de droite à gauche pour la femme comme pour l'homme. Si l'on pouvait voir les champs sinusoïdaux qui entourent le corps de l'homme, le spectacle serait splendide, étourdissant. La vue en serait impossible à soutenir lorsque plusieurs personnes seraient groupées.

Si l'on envisage seulement le courant circulaire de la femme, — courant afférent à sa faculté procréatrice, — et le courant de sa tête, deux courants tournant à l'opposé, le phénomène en serait très curieux.

Autres radiations crâniennes. — M. Bissky compte sur un crâne 27 radiations organiques et 53 psychiques.

La baguette trouve 62 radiations organiques et 31 psychiques, mais elle ne peut les distinguer les unes des autres et dire leur nom.

L'ensemble des facultés radie sur le premier plan (voir fig. des plans, tome II) à gauche de l'homme.

Lorsque ce plan ne radie pas, c'est qu'il y a quelque chose d'anormal dans le cerveau : hypertension, encéphalite. Dans le cas de neurasthénie ou de folie, une ligne se développe, au positif pour la folie, au négatif pour la neurasthénie. Plus ces lignes sont développées, plus l'état est grave. Pour une personne bien équilibrée mentalement, le plan radie positivement, jusqu'à 0 m. 50. Si le plan est négatif, c'est qu'il y a déséquilibre.

2° *Radiations du courage et de la pusillanimité. De la force et de la faiblesse* (voir planche I). — Toutes les radiations de l'homme sont magnétiques, sauf deux groupes de deux qui sont d'ordre électrique et représentent : l'un, le courage et la pusillanimité ; l'autre, la force et la faiblesse.

Le premier groupe, qui radie devant l'homme en A et en A^1, semble avoir un point d'émission au sommet de la tête, d'où il suit le corps tout entier jusqu'à terre et, en suivant la terre, il va former deux triangles, dont l'un est *isocèle* et l'autre *scalène*, ayant leurs bases se faisant face, sans se toucher.

Le triangle de droite A (droite du personnage de la figure) représente le courage, et celui de gauche la pusillanimité. L'un est d'autant plus grand que l'autre est plus petit.

La somme des deux triangles est représentée par 35 points de répulsion qui constituent leur valeur. L'un des deux peut faire défaut. Ainsi, quand le sujet est doué d'un grand courage, le triangle A seul existe, et sa valeur est représentée par les 35 points de répulsion. Ce que nous disons du courage s'adresse au courage, synonyme de vaillance ; nous parlerons plus loin du courage, synonyme d'ardeur.

Le deuxième groupe qui radie derrière l'homme, en F et F[1],

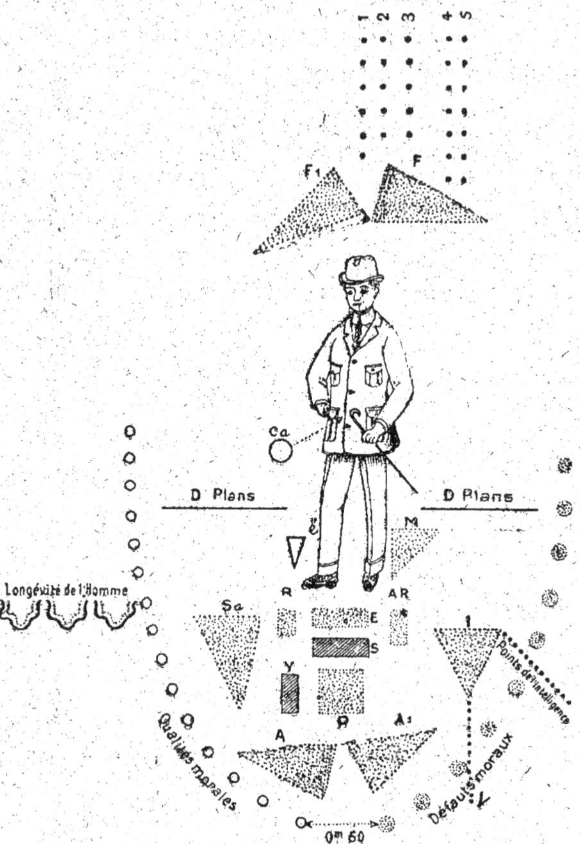

Planche I. — Quelques rayonnements de l'homme.

qui semble avoir son point d'émission à la poitrine, suit le corps tout entier comme étant son fil conducteur jusqu'à terre et, suivant la terre, forme aussi deux triangles *isocèles,* dont les bases se font face sans se toucher.

Le triangle de gauche, F, représente la force (1), F[1] représente la faiblesse. La somme des deux est représentée par 35 points de répulsion qui constituent leur valeur. Quand l'homme est fort et bien portant, le triangle F[1] n'existe pas.

Nous disons que ces deux triangles F et F[1] décèlent un état pathologique du corps humain.

Les deux groupes sont négatifs.

Remarque. — Perpendiculairement à ce dernier groupe F F[1], nous trouvons cinq lignes de points de répulsion représentant :

1° Vigueur ;

2° Le poids de l'homme ;

3° Le poids que l'homme peut soulever de terre à 1 mètre de hauteur exprimé en kilogrammètres ;

4° Un certain nombre de points dont la somme représente les années de procréation humaine ;

5° Résistance. Maximum : 66.

On trouve donc sur le triangle de Force : 1. Vigueur ; 2. Le poids de l'homme ; 3. Le poids que l'homme peut soulever ; 4. Pouvoir de procréation : 5. La résistance.

3° *Radiations magnétiques du corps humain.* — a) *Endurance.* — Devant les pieds de l'homme, nous trouvons une influence rectangulaire négative représentant l'endurance dont la valeur maximum est indiquée par 22 points de répulsion (E sur la figure).

La Résistance représente la dose de souffrance que l'on peut endurer avant la mort. Cette faculté ne change pas avec l'âge.

b) *Sexe.* — A la suite, en S, se produit une influence représentant le sexe.

A la suite de l'influence S, se produit une sinusoïde à 50 pé-

(1) La force n'est pas la vigueur. La vigueur exprime et représente la santé. La vigueur radie sur le triangle de la force à côté du n° 1 par des points dont le maximum est 8.

riodes représentant son pouvoir de fécondation. Le nombre de périodes est réduit à 5 pour un enfant qui n'a pas, et un vieillard qui n'a plus, la puissance génératrice.

Cette influence est positive pour l'homme et négative pour la femme.

c) *La santé.* — Un peu à droite de l'homme, et en avant, se trouve un triangle négatif représentant la santé (*Sa* sur la figure). Maximum : 16.

Perpendiculairement à ce triangle, on rencontre une sinusoïde multiple dont le nombre de périodes indique la longévité de l'homme.

d) *Maladies.* — Un peu en retrait du pied gauche, et en arrière, le triangle négatif M représente les maladies prises en masse.

e) *Intelligence.* — A gauche encore, et en avant, nous trouvons une influence négative I, en forme de triangle, représentant les radiations de l'intelligence.

L'intelligence semble avoir son point d'émission à l'occiput. Elle se manifeste en I, sans ligne de continuité.

Le degré d'intelligence est indiqué par une série de points de répulsion, dont le maximum est 32.

e^1) *Jugement.* — Pour le jugement, attribut de l'intelligence, maximum 85, se reporter aux radiations des plans, tome II.

e^2) *Réflexion.* — La réflexion, attribut de l'intelligence.

e^3) Confiance en soi et abnégation du jugement. La confiance en soi radie par des points placés perpendiculairement à droite de l'influence du jugement dont le nombre maximum est 8. La confiance en soi est bonne jusqu'à 2 ½. Passé ce degré elle devient de la présomption. L'abnégation du jugement, qui évite la présomption, radie à la place de la confiance en soi lorsqu'elle a 2 degrés. Son maximum est aussi de 8.

Elle radie par un triangle négatif qui se produit devant les pieds, du côté gauche pour les sujets polarisés du côté droit, et à droite pour ceux polarisés à gauche.

Pour les sujets neutres, c'est-à-dire non polarisés, la réflexion radie du côté droit.

La dose de réflexion est indiquée par un triangle dont le maximum est de 20 vibrations. Ce triangle est latéral à l'homme, du côté droit, avec la pointe en avant.

Remarques particulières. — 1° Un objet, porté par un homme ou une femme, radie toujours, selon le sexe, pourvu qu'il ait été porté pendant 94 jours.

S'il change de propriétaire, il radie d'après le sexe du dernier propriétaire, après 94 jours de possession.

Un objet neuf, porté pendant moins de 94 jours, radie pendant un temps en rapport avec la durée de la possession.

2° Battements du pendule : Le nombre de battements du pendule donne le sexe qui l'actionne.

Il est de 63 pour le masculin et de 111 pour le féminin.

3° Deux objets, appartenant l'un à un homme et l'autre à une femme, placés à côté l'un de l'autre, à moins de 1 m. 025, produisent une influence, sous forme de ligne, dont la moitié est positive et l'autre moitié négative.

f) *Courage, synonyme d'ardeur.* — Les radiations du courage, dont nous avons parlé plus haut, se manifestent sous une autre forme dont le point d'émission semble être le ventre, allant produire, à son côté droit, sur le sol, un point linéaire avec ligne de liaison. Son maximum est de 100 (*Ca* sur la planche I).

La vigueur semble bien avoir son point d'émission, comme radiations, à la moelle allongée. Elle produit une influence sur la poitrine et, par une ligne conductrice, radie devant le pied droit, par un triangle, à la base duquel apparaissent, à droite, un certain nombre de points de répulsion, dont le maximum est 100, qui indiquent la dose de vigueur ou force musculaire. Nous avons constaté qu'il fallait 96,90 % de courage pour sentir les minerais positifs et les sources au delà d'une mer, 90 % pour les minerais négatifs, 52,91 % pour trouver les sources, et 56,50 % pour trouver les minerais positifs (voir tome I).

Il faut 97 ½ % de courage pour voir des influences au-dessus des minerais, et 98 ½ % pour les voir au-dessus des sources.

g) *Pensée.* — La pensée (Planche I) est indiquée par un carré négatif, en avant du rectangle représentant le sexe.

Son point d'émission paraît être le front. Il n'y a pas de continuité entre ce point d'émission et la représentation sur le sol.

Remarque sur la Planche I. — Afin de ne pas surcharger la planche, nous n'indiquons pas toutes les figures géométriques.

Remarque. — On peut trouver le temps 12 jours à l'avance, par la transmission de pensée, en se servant du pendule, interrogé comme nous venons de le dire.

D'après la baguette, la pensée aurait une sinusoïde dont la longueur d'onde serait de 3.333 kilomètres. Cette sinusoïde est seule et positive.

Dans un mémoire présenté en 1923 à l'Académie des Sciences russes, M. Lasoreff conclut que la longueur des ondes humaines est de 3.000 kilomètres, longueur qui approche la nôtre.

h) *Force morale.* — Elle forme, devant l'homme, un grand rectangle négatif (ne figure pas sur la planche I), englobant les rectangles S et P. Cette influence est décelée par le fluide d'intention en faisant abstraction des deux autres S et P.

Les dimensions du rectangle servent en raison directe de la force morale, et cette force est représentée par des points de répulsion, dont le nombre exprime les degrés de la force acquise.

Après un arrêt de la baguette, on trouve une influence X qui semble représenter la force morale minimum à acquérir.

Elle fait partie du rectangle et est constituée par une partie neutre, fermée par une ligne.

De ce fait il nous semblerait que, pour la morale, le Créateur aurait fixé à l'homme un minimum qu'il doit acquérir. Mais il peut le dépasser. Nous disons cela sans avoir la prétention de le soutenir, attendu que nous sommes peu compétent en la matière.

Il en est de même pour toutes nos sensations que nous étudions, lesquelles ne sont pas du domaine religieux.

i) *Affections réciproques.* — Elles sont représentées par une influence en rectangle négatif, AR, à gauche et en avant de la personne.

Leur point d'émission est au cœur, avec la ligne de liaison jusqu'au rectangle.

Pour deux sujets considérés, ayant une affection réciproque, le rectangle est positif pour l'un et négatif pour l'autre, comme en électricité (les contraires s'attirent).

Assez souvent, la sympathie que deux personnes ont l'une pour l'autre sont égales en intensité.

Nous avons tous, pour une personne envisagée, un pouvoir d'affection que nous ne pouvons dépasser.

La dose des affections réciproques s'apprécie de la même manière que pour la force morale.

j) *Bienveillance ou amabilité.* — Elle est représentée par une influence en forme de rectangle positif pour l'homme et négatif pour la femme.

Bonté. — La bonté radie à gauche de la pointe du pied et en avant par des points.

Courage. — Le courage, synonyme de persévérance, radie à la pointe du pied droit.

Franchise. — La franchise radie à gauche et en arrière du talon gauche.

Déloyauté, fourberie. — Nous indiquons en Y un rectangle positif représentant la déloyauté ou fourberie, dont le point d'émission semble en être le cœur.

Méchanceté. — La méchanceté radie à droite et en arrière du talon droit.

Les 5 facultés précédentes ont pour maximum le chiffre 8.

Mauvais caractère. — Les personnes ayant mauvais caractère, boudeur, acariâtre, produisent à trois mètres devant les pieds quatre points positifs disposés en rectangle. Ces points se produisent de la même manière si on observe la photo d'une personne absente. L'examen de ces personnes fatigue beaucoup l'opérateur.

Homme radiant et homme absorbant.

M. Loddoz, dans son *Traité de physionomie*, dit qu'il y a deux espèces d'hommes : l'homme radiant et l'homme absorbant.

L'homme radiant est celui que tout le monde aime, qui attire à lui, et dont la conversation repose. Il fait du bien, naturellement.

L'homme absorbant, au contraire, repousse de prime abord, et fatigue. C'est celui que l'on ne peut aimer, naturellement.

Un prêtre radiant fait beaucoup de bien. De même, les personnes ayant charge d'autorité.

Remarques sur les radiations de l'homme. — Contrairement aux radiations de tous les autres corps, celles de l'homme en vie ne sont en rien influencées par la proximité des autres corps. Lorsque l'homme est mort, ses radiations tombent dans les règles ordinaires de la matière.

Qualités et défauts moraux.

Nous disons que l'homme produit 25 vibrations et la femme 21.

D'après de récentes expériences, ces vibrations représenteraient les qualités et défauts moraux.

Leur point d'émission semble se produire autour de la moitié de la tête, partie frontale, en ligne demi-sphérique, allant du pariétal gauche au pariétal droit et cela : du côté droit pour les qualités, et du côté gauche pour les défauts.

Les qualités sont représentées sur le sol, et sans ligne de continuité de la tête au sol, par des points linéaires de répulsion qui sont positifs, et les défauts sont représentés par des points linéaires négatifs. La somme des qualités et défaut est représentée par 25 points pour l'homme et 21 pour la femme.

Les influences représentant les qualités se produisent de la hanche droite, et en avant, jusqu'au plan vertical perpendiculaire à l'homme, en son milieu ; celles des défauts se produisent de la hanche gauche à ce même plan vertical. Il y a interruption de 0 m. 50 entre ces deux sortes d'influences (voir Planche I).

Qualités naturelles.

Les qualités naturelles semblent avoir leur point d'émission à la hauteur de la moitié du ventre, tout autour de la personne. Elles sont représentées au maximum par 16 ondes variables.

Ce maximum est atteint par la personne qui possède toutes les qualités naturelles.

Ces qualités et leur nombre d'ondes sont :

La propreté	72	ondes
La politesse	92	—
La prévenance	75	—
La courtoisie	54	—
L'élégance	96	—
La finesse	43	—
La douceur	56	—
La simplicité	62	—
La loyauté	47	—
La modestie	45	—
La prudence	78	—
La discrétion	82	—
La droiture	48	—
La générosité	5	—
L'honnêteté	74	—

Nous ne croyons pas que ce nombre de qualités soit complet.

Talents.

Les talents sont représentés par un courant se produisant

à la hauteur du milieu de l'estomac et se dirigeant derrière l'homme.

Le courant des talents forme des lignes perpendiculaires à l'homme, donc parallèles entre elles, en nombre égal à celui des talents.

A côté de ces lignes, à droite, se produisent les ondes indicatrices du genre de talent et, à gauche, les lignes de points de répulsion indiquant la dose acquise dans le talent.

Les talents sont au nombre maximum de 15.

Dans nos diverses expériences, le nombre de talents trouvés n'a jamais dépassé 5.

Certaines personnes en sont totalement dépourvues.

En voici la liste :

Le talent (ou disposition) militaire	1	onde
— d'écrivain	2	ondes
— pour la peinture	3	—
— pour la parole	4	—
— musical	5	—
— pour la sculpture	6	—
— pour la poésie	7	—
— comique	8	—
— organisateur	9	—
— de belle voix	10	—
— d'agriculteur	11	—
— d'inventeur	12	—
— de commerce	13	—
— de commandement	14	—
— de médecine	15	—

Remarques. — On peut aussi apprécier par le fluide d'interrogation les talents ou dispositions pour telle ou telle science, telle profession.

Il en est de même pour les qualités et défauts, dans ce que Loddoz appelle « les bosses » dans son *Traité de phrénologie*, de même également pour les circonvolutions du cerveau.

L'apparition des talents ne se produit que vers onze ou douze ans en général ; la dose maximum des talents est de 100 %.

Tempérament.

Les radiations du tempérament semblent avoir leur origine au bas-ventre et forment trois lignes qui se dirigent du côté gauche, allant toucher terre en face du talon, à 0 m. 80 pour la plus rapprochée. Les autres vont quelques centimètres plus loin.

La première, qui tombe sur le sol, est la plus éloignée sur le ventre. Elle a trois ondes comme le fer. Elle représente le tempérament nerveux.

La deuxième, située au milieu, a cinq ondes comme la chaux. Elle représente le tempérament sanguin, et va tomber sur le sol à 0 m. 03 plus loin que la première.

La troisième, qui radie du côté gauche du ventre, a huit ondes, comme l'étain, et représente le tempérament bilieux. Elle va tomber à 0 m. 05 plus loin que la deuxième.

Le tempérament lymphatique est indiqué par deux lignes, celle de la chaux et de l'étain.

Alors, celle du fer a disparu.

Quand la ligne de droite radie par la chaux, elle représente le tempérament lymphatique flegmatique. Si c'est l'étain qui radie à droite, c'est le tempérament lymphatique pituiteux.

Qualités des tempéraments

Sanguin : bonne humeur.

Nerveux : profondeur et délicatesse du sentiment.

Bilieux : Activité inépuisable, ténacité.

Lymphatique : maîtrise de soi, prudence, esprit de suite.

Effets du regard.

Le regard produit des vibrations positives ou négatives en face des yeux.

La baguette négative est attirée par le regard positif, et repoussée par le regard négatif.

Les personnes polarisées positivement du côté droit apprécient la force du regard, ainsi que nous venons de le dire.

Le regard positif est plus fort en volonté, et moins fort en influence magnétique que le regard négatif.

Tous les grands magnétiseurs ont le regard négatif, c'est-à-dire le regard dominateur, qui en impose.

Les aliénés, mais non les neurasthéniques, ont le regard neutre.

Manifestations de la pensée sensibles a la baguette et au pendule.

1° *Par la baguette* (voir figure Tp). — Etant donné le carré P, représentant l'influence de la pensée devant l'opérateur, si les pensées de celui avec lequel il communique lui sont favorables en général, ces pensées radient en avant, à sa droite et sont représentées sur le sol par un point linéaire positif F. Si ces pensées lui sont défavorables, elles se traduisent en avant, et à sa gauche, par un petit point négatif Dd.

Ce que nous disons là s'entend des pensées, en général.

Lorsqu'il s'agit d'une pensée particulière favorable, cette pensée radie toujours en avant de l'opérateur, à sa droite, mais plus près de lui, en F positif.

Si la pensée particulière est défavorable, elle radie en D négatif.

Si la pensée du communiqué lui est avantageuse sous le rapport matériel, elle radie en avant de F en C positif.

Si elle est désavantageuse, elle radie en *cd* négatif par un petit point.

2° *Par le pendule.* — Une personne polarisée, tenant en main un pendule, en présence d'une personne pensant à quelque chose, voici ce que décèle le pendule :

a) Pour le oui, le pendule tourne en rond ;

b) Pour le non, il balance latéralement devant l'opérateur ;

c) Pour exprimer « si vous voulez », il se balance en oblique devant l'opérateur ;

d) Enfin, dans l'indécision, le pendule reste neutre, c'est-à-dire ne bouge pas (voir tome I : Interrogations de la baguette et du pendule).

Si la personne en présence a suffisamment de force de volonté, le pendule marche, lors même que l'opérateur est placé derrière un mur.

Lorsque la personne avec laquelle on communique n'est ni pour, ni contre, dans l'indifférence à l'égard du communiqué, aucune manifestation ne se produit à droite et à gauche de la figure qui correspond à la pensée : c'est neutre.

Remarque personnelle. — Vers 1900, en passant à Toucy-Ville (Yonne), nous avons eu la bonne fortune de voir M. le doyen de la paroisse. Ce très aimable ecclésiastique avait une grande facilité pour deviner la pensée, et aimait à exciter la curiosité de ses hôtes. Voici comment il opérait :

Il suffisait de lui dire si la chose faisant l'objet de la pensée était dans la maison, dans une chambre, la cuisine, la cour ou le grenier ; si elle était hors de la maison, dans le ciel étoilé, près de Dieu, dans l'Enfer, sur la Terre et même dans la mer, pour qu'il devinât une simple pensée.

Radiations qui accompagnent l'exercice de la Volonté, de la Mémoire et des Jambes.

(Voir figure Tp, transmission pensées. Planche II).

Quand la volonté fait un acte, il se produit à gauche de l'homme un champ d'influences représentant cinq caractères ou attributs de la volonté.

Chacun forme un sillon, alternativement négatif ou positif. Ces sillons sont latéraux à l'homme.

Le premier est à une distance de 0 m. 30 de l'homme. Il est négatif et représente l'entêtement ; le deuxième, positif, représente l'énergie ; le troisième, négatif, représente l'activité ; le quatrième, positif, représente la paresse. Enfin, le cinquième, négatif, représente la fermeté.

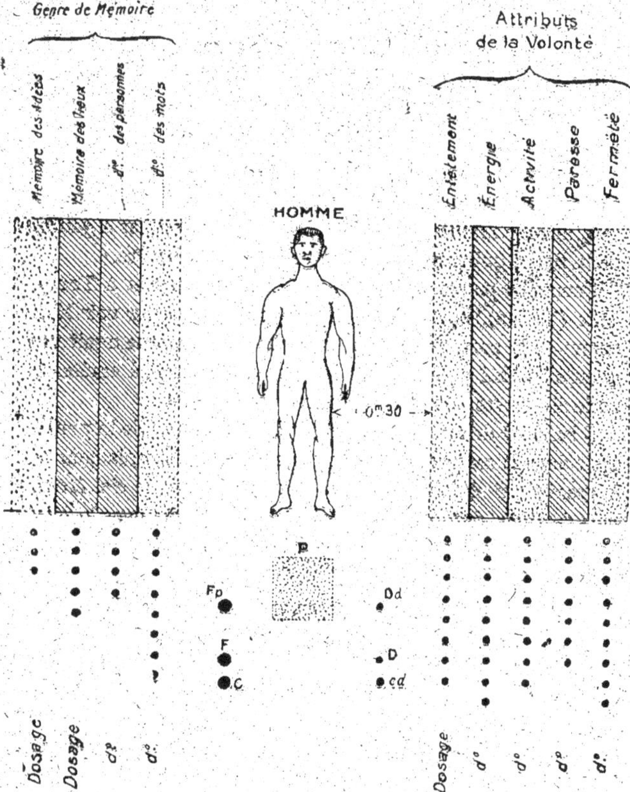

Planche II. — Fig. Tp (Transmission de pensées).

Faisant suite aux sillons, après un intervalle, il existe, pour chacun d'eux, une ligne de points de répulsion, se dirigeant vers l'avant, points exprimant le pourcentage de l'attribut.

Le maximum, pour l'entêtement, est de 8 ; pour l'énergie de 100 ; pour l'activité de 60, et de 100 pour la paresse et la fermeté.

L'acte de volonté est un mouvement qui nous porte vers un but déterminé.

Il ne faut pas confondre volonté avec ténacité. Si la volonté décide l'accomplissement d'un acte, d'un travail, la ténacité en prescrit l'exécution malgré les obstacles. La ténacité radie à droite de l'homme par un rectangle latéral. Le dosage est exprimé par des points dans le maximum est 100.

Quand la mémoire s'exerce, il se produit, à droite de l'homme, un champ latéral sur le sol, représentant quatre genres de mémoires, sous la forme de quatre sillons.

Le premier sillon, le plus rapproché de l'homme, est négatif et représente la mémoire des mots ; le deuxième, positif, représente la mémoire des personnes ; le troisième, positif, représente la mémoire des lieux ; le quatrième, négatif, représente la mémoire des idées.

Comme pour les sillons de la volonté, le pourcentage des attributs de la mémoire se trouve sur quatre lignes de points de répulsion, en avant.

Le maximum pour la mémoire des mots est de 100 ; de 63 pour celle des personnes ; de 19 pour la mémoire des lieux, et de 14 pour les idées.

Jambes. — A côté des jambes se produit un autre petit champ, de chaque côté, relatif à leurs qualités.

Chaque champ n'est composé que d'un sillon latéral à l'homme.

Du côté droit se trouve un sillon positif représentant la force, et dont le dosage se mesure sur une ligne de points de répulsion, en avant.

Du côté gauche se trouve un sillon négatif qui représente l'agilité.

Mais ici, la ligne de points de répulsion, exprimant le pourcentage, est en arrière.

Radiations qui accompagnent les phénomènes sensitifs.

Nous appelons ainsi les radiations qui ont rapport à la faim, à la soif, à la sensation de chaleur, de froid, à la souffrance, à la peur, au besoin de repos, etc...

a) *Radiation de la faim et de la soif.*

Les radiations indiquant la faim se produisent à 1 m. 50 du pied gauche et sur sa gauche.

Son point d'émission est à l'épaule gauche, et suit l'espace par une ligne négative qui touche le sol, par un point, à 1 m. 50 du pied gauche.

Au bout de cette ligne, et à angle droit du côté gauche du sujet examiné, il se trouve une série de points de répulsion exprimant les degrés de la faim. Le maximum est de 15.

Les radiations de la soif partent de l'épaule droite, se prolongent par une ligne négative qui va toucher terre à 1 m. 50 du pied droit. Le maximum du dosage de la soif est de 8.

b) *Sensibilité à la chaleur et au froid.*

Cette sensibilité est représentée par un triangle situé en arrière et à droite de l'homme.

Ce triangle est positif pour la chaleur, négatif pour le froid. Son point d'émission est le front.

Le pourcentage est de 15 pour la chaleur, et de 16 pour le froid.

Le degré de chaleur nécessaire pour chaque personne radie à la gauche de la personne, par une ligne de points perpendiculaire derrière le talon gauche. Le nombre de ces points indique le degré nécessaire.

c) *Souffrance.* — Elle se contrôle derrière la tête du malade par une ligne négative, partant du bas et derrière la tête, ligne qui atteint le sol à 1 m. 50 de l'homme. Son intensité se mesure sur une ligne de points de répulsion, à angle droit et à gauche. Son maximum est de 54 pour les personnes les plus endurantes. Il est donc variable.

d) *La peur.* — Elle est représentée par une ligne négative située devant les pieds et latérale à l'homme.

Les points de répulsion exprimant son dosage sont situés à l'extrémité de la ligne, à droite de l'homme et à angle droit. Le maximum est de 16.

e) *Besoin de repos.* — Il est représenté par une ligne négative partant de la tempe droite, qui va se fixer sur le sol, du côté gauche en avant de l'homme, à 0 m. 50 du pied gauche ; cette ligne se termine par un seul point sur le sol.

L'intensité du besoin de repos, dont le maximum est de 42, est toujours représentée par une ligne de points de répulsion, située en avant et perpendiculairement à l'homme.

f) *Besoin d'exercice.* — Il a son point d'émission aux deux pieds, et est représenté par une ligne négative latérale pour chaque pied.

La première est à une distance de 0 m. 15 des pieds, et se rapporte au pied gauche.

La deuxième est à une distance de 0 m. 25 de la première, et se rapporte au pied droit.

A l'extrémité de cette ligne, à gauche, et à angle droit, vers l'arrière, se trouve la ligne de points de répulsion exprimant le dosage, dont le maximum est de 40.

g) *Besoin de bon air.* — Le point d'émission est aux deux poumons, qui forment chacun leur ligne se dirigeant du côté gauche de l'homme.

La première, à 0 m. 25 de distance de l'homme, représente le poumon gauche ; la deuxième, à 0 m. 25 de la première, représente le poumon droit.

A l'extrémité de la deuxième, en arrière et à angle droit, on trouve la ligne des points de répulsion exprimant le dosage, avec un maximum de 100.

h) *Besoin de sommeil.* — Il semble avoir son point d'émission dans le cerveau, du côté gauche, entre le pariétal et l'occiput. Il se manifeste par une ligne de liaison négative ; latérale à l'homme, du côté droit, à 0 m. 25.

Son dosage, dont le maximum est 40, est représenté par une ligne de points de répulsion, à angle droit, et à l'extrémité arrière, du côté gauche.

Insomnie. — Lorsqu'on ne peut dormir, il faut rapprocher une partie positive du corps avec une partie négative (partie ou membre).

Exemples : le pouce positif et l'index négatif. Les faire toucher en forme d'anneau et tenir les autres doigts étendus.

i) *Mémoire des goûts.* — Il y a des personnes qui conservent, pendant très longtemps, même des mois, le souvenir de ce qu'elles ont mangé ou bu.

Cette faculté aurait son point d'émission à l'œsophage, ses radiations arriveraient au cerveau et, de là, par un angle de réflexion, au pariétal droit pour le manger, et de la même manière, au pariétal gauche pour le boire.

Ces personnes possèdent un degré extraordinaire de finesse pour la dégustation, l'origine et l'âge des vins.

Il en est de même pour apprécier les mets.

Notre illustre gastronome de Belley, Brillat-Savarin, devait posséder ce talent de dégustateur (voir son ouvrage).

Manque d'appétit. — Le manque d'appétit a son point d'émission à l'épine dorsale, vers la 6e lombaire, et produit une ligne qui va toucher le sol en un point à trois mètres derrière la personne.

i) *Radiations pendant le sommeil.* — Lorsqu'un homme dort, les radiations de ses facultés, maladies, etc... disparaissent, sauf le plan du cœur, en un point au-dessus de la tête, positif pour l'homme, négatif pour la femme.

Voyance.

Le phénomène de la voyance, d'après l'examen de quelques sujets que nous avons rencontrés, semble être dû à trois qualités ou facultés dépassant de beaucoup l'ordinaire. Ce sont :

1° La pensée avec une dose de 97 % ;

2° Un tempérament lymphatique de 13/14 ;
3° Une sensibilité de 45/57.

A la faculté de voyance correspondent des points de répulsion au plan, où se manifeste le jugement, dont le maximum est 15.

Nous sommes, nous-même, en partie, depuis quelques années, de ce nombre. Mais nous n'avons vu que des émanations s'élevant, se produisant, comme nous le disons ailleurs, au-dessus des filons de minerais ; quelquefois, au-dessus des grands courants d'eau.

Physiognomonie.

La physiognomonie est la faculté de pouvoir connaître l'état mental de quelqu'un, après l'avoir observé. Pour posséder cette faculté, il faut :

1° Avoir un tempérament lymphatique, 13/14 ;
2° Une force de pensée de 91 % ;
3° Une force de courage de 93 %.

CHAPITRE III

AUTRES FACULTÉS PSYCHIQUES

Etant embarrassé pour classer nos diverses articles, nous les plaçons ici à la suite les uns des autres.

Dépression. — Elle radie à gauche de l'avant-pied gauche de l'homme. Maximum 5.

Longévité. — La longévité semble être indiquée par des points placés à droite du plan des nerfs avec un maximum de 12. Le nombre 12 semble exprimer 95 ans et au-dessus. Nous avons rencontré une personne ayant 1 de longévité avec une résistance à la souffrance de 2. Elle avait 20 ans environ (voir Radiations des plans, tome II).

Mais le nombre d'années n'est pas fixé, ce n'est qu'une appréciation aproximative.

Faculté de l'odorat. — La faculté de l'odorat radie par une ligne continue qui va produire son rectangle à gauche et un peu en avant du pied gauche. Maximum 42. L'auteur de ce livre, au moment où il écrit, s'en reconnaît 16. Il faut dire que cette faculté comme toutes les autres est susceptible de changer de pourcentage.

Scrupule. — Le scrupule radie après l'influence du cerveau et à gauche. Maximum 22 (voir Plan de l'homme, tome II).

Ondes réfléchies devant une photo. — Pendant la nuit, à l'aide d'une lampe, toutes les influences d'une personne se réfléchissent. Ces influences se produisent en 10 ou 12 demi-cercles devant la photo ayant la tête tournée contre la lampe. Le nombre d'influences que produit une personne varie de 67 à 114. Ce nombre est indiqué par des points placés du côté gauche des pieds du personnage de la photo. L'ordre des influences est très variable ; il doit dépendre de l'état physiologique dans lequel se trouve la personne au moment de l'examen. Nous sommes loin d'avoir examiné et analysé toutes les facultés humaines.

Lorsqu'on a été victime de quelque événement fâcheux : chagrins, peines, mauvaises nouvelles, etc., les influences de la pensée qui sont habituellement positives deviennent négatives et demeurent dans cet état pendant trois jours.

Gauchers et droitiers. — Le gaucher se reconnaît par des points de répulsion : 1, 2, 3, placés après la hanche droite. Ces points indiquent le degré de force du bras gauche, le numéro 3 exprimant la plus grande force. Si ces points n'existent pas, c'est que ce sujet est droitier.

Qualités des sens indiqués par le pendule.

Nez. — Le pendule, tournant fortement sur le nez, signifie : longévité ; tournant au positif : signifie grands talents.

Yeux. — Le pendule tournant au positif sur l'œil droit signifie : force du regard ; au négatif : faiblesse du regard. Tournant en rond au positif : myopie ; au négatif : douceur du regard.

Oreilles. — Oreille droite, girations au positif : défectuosité du sens harmonique, mauvais musicien ; girations au négatif : grande finesse du sens harmonique. Bon musicien.

Oreille gauche, giration au négatif : mauvaise audition, surdité.

Bouche. — Le pendule tournant au négatif : paroles ordonnées ; au positif : paroles désordonnées. Si la personne est muette, le pendule ne tourne pas. Il en est de même pour les autres sens qui feraient défaut. Madame de Marseman — qui nous a fourni ces observations — dit que pour faire ces opérations il suffit de mettre la main gauche sur l'organe que l'on veut observer, en tenant le pendule de la main droite ; ce qui est exact.

Reconnaissance de faux en écriture. — Sur l'écriture faite par une personne différente sur la même feuille de papier ou deux feuilles, l'une à côté de l'autre, le pendule tourne d'une manière sur chacune des écritures. Devant une photo servant de témoin pour l'écriture, il se produit des points au nombre de quatre en forme de carré placés à quatre mètres devant la photo témoin pour la personne absente. Il se produit aussi trois points à côté du bras qui a écrit (Madame de Marseman). Nous ajoutons : Si les personnes sont vivantes, les radiations se produisent sur la feuille elle-même ; mais si elles sont décédées, elles se produisent en dehors sur les coins du côté où les personnes sont enterrées ; et sur autant de coins qu'il y a de personnes ayant écrit sur la feuille.

Influence de l'écriture. — Les radiations de l'écriture disparaissent après 5 ans, 2 mois, 21 jours. Passé ce temps, l'écriture ne radie plus selon le caractère de son auteur.

Nombre d'enfants que peut avoir une femme. — Le nombre d'enfants que peut avoir une femme dès son âge nubile est indiqué par des points, positifs pour les garçons et négatifs pour les filles, à gauche du triangle de la force (voir Triangle de la force).

La croissance de l'enfant. — On peut apprécier, au commencement d'une année, et dans le cours de l'année, mais non deux parties d'années, le nombre de centimètres que grandira un enfant, à partir de trois ans, jusqu'à arrêt de la croissance. Ces centimètres radient derrière l'enfant, à droite du triangle de la force, par des points en nombre égal aux centimètres.

Fluide compteur. — Un opérateur peut savoir, à la fin d'une journée, combien il a fait tels actes, eu telles pensées ; combien il a eu de clients, s'il est commerçant, etc. Mais il faut que, d'avance, il ait arrêté dans sa volonté le désir que cet effet se produise. Ces impressions s'enregistrent à droite de l'opérateur avant midi, et à gauche après midi. Rien ne s'enregistre pendant la nuit sans secours de lumière.

Rien ne s'enregistre avant 9 heures et après 16 heures.

Rien ne s'enregistre dans le cas de maladie de l'opérateur, si la gravité de la maladie le comporte.

Aimantation du corps humain. — Le corps humain constitue un aimant pour un gaz inconnu qui vient de 87 kilomètres de distance aboutir en deux colonnes : l'une au talon et l'autre devant les pieds, formant avec la verticale un angle d'environ 35°. Ce gaz pèserait 133.000 fois moins que l'hydrogène. Il radie, ainsi que l'ozone et quatre corps inconnus, devant et derrière les sourciers. Ce gaz produit 122 ondes. L'arsenic composant le corps humain serait l'aimant de ce gaz.

Autres radiations de l'homme. — On trouve entre l'homme et le soleil, d'abord trois petites lignes latérales de 0,20 de long, La 1re à 1 m. 50 des pieds de l'homme ; les autres, à 1 m. 50 l'une de l'autre. Pour les femmes, deux lignes seulement. A la suite de ces lignes, un espace neutre, dont la largeur est relative à la santé. Cet espace est d'autant plus court que la santé est plus faible. Si la personne se porte bien, la largeur de l'espace est de 16 mètres. A la suite de cet espace, on trouve trois lignes perpendiculaires pour l'homme et deux pour la femme. Ces lignes peuvent avoir une longueur de 1.287 mètres. Par ce moyen, on peut savoir le nombre d'hommes et de femmes qui se trouvent du côté du soleil à une distance d'environ 1.300 mètres. On peut deviner les animaux de la même manière par leur nombre d'ondes.

Les chasseurs peuvent trouver là un moyen efficace pour dépister le gibier.

Prévision de l'avenir. — Il y a des personnes qui peuvent prévoir trois jours à l'avance des faits et des événements inconnus de ceux qui les entourent. Ces personnes sont douées d'une forte résistance à la souffrance, à la peine : 53 au moins sur 66, qui est le maximum de la résistance humaine.

Nous avons tous un pouvoir de résistance à la souffrance

avant de succomber, mais il est variable selon les personnes. Nous l'avons trouvé allant de 1 à 63. (V. *Souffrance*.)

D'après nos renseignements, il semblerait que ces prévisions ne se produisent pas à toute heure de la journée, mais surtout de 16 à 20 heures. Il faut de plus que la personne prévoyante soit en forme, particulièrement qu'elle soit en santé.

Pouvoir du Magnétiseur. — Pour pouvoir produire le phénomène du magnétisme sur une personne, il faut que le magnétiseur remplisse les conditions suivantes : 1° avoir 13 au moins sur 20 de force intentionnelle ou psychique ; 2° 73 de volonté sur 100 ; 3° 89 de force de regard sur 100. Mais ce pouvoir magnétique ne peut s'exercer avec succès que sur des personnes de faible résistance à la souffrance, ne dépassant pas 43 sur 66.

Vitalité humaine. — La vitalité d'une personne est indiquée par des points se produisant en ligne au sommet du triangle de l'énergie. Le maximum de ces points est 83 pour toute personne en bonne santé.

Restes de l'homme après sa mort. — Après la disparition complète des chairs, il se produit, perpendiculairement à la tête et en éventail, cinq lignes négatives pour l'homme et trois pour la femme. Un os seul donne le même nombre de lignes sur le côté de l'os qui était dans sa position naturelle, le plus rapproché de la tête.

Sur un os fossilisé, il se produit une ligne pour l'homme et cinq points pour la femme. Mais le plus généralement, les tombes anciennes ne produisent que des radiations indiquant une poussière impalpable qui forme une ligne au milieu de la tombe, produisant 15 ondes pour l'homme et 10 pour la femme. Ces ondes se contrôlent toujours du côté du soleil (Voir figure).

Danger de mort. — La mort prochaine se reconnaît par des points placés latéralement à gauche du plan des nerfs. Le nombre maximum de ces points est de 15. Parfois ce nombre est presque atteint le soir pour revenir le matin à 2 ou 3.

Font ainsi parfois pendant plusieurs jours des va-et-vient. Si le malade va vers le mieux, ces points disparaissent ; le danger de mort est disparu.

Ces points existent pour les personnes menacées de mort subite et ne sentant aucune souffrance. On voit quel avantage il y aurait à connaître ces pronostics pour prévenir ces accidents.

Radiations de l'homme après sa mort. — L'homme radie après sa mort à la place qu'il occupait dans sa maison par un nombre d'ondes et autres influences personnelles qu'il avait de son vivant. Pour que ces radiations se produisent, il faut qu'il ait habité au moins trois ans la même maison. Les radiations se produisent à l'endroit où il stationnait le plus longtemps dans la journée, au moins 4 heures par jour. Ces influences peuvent se produire dans deux maisons pourvu qu'il y séjourne le temps voulu. Les heures de sommeil ne comptent pas.

Le séjour de trois ans dans la même maison ne donne que trois jours d'influence ; un séjour prolongé donne une influence proportionnelle à la longueur du séjour. Si, par exemple, le séjour a été de cinq ans, l'influence aura la durée d'une année. Si le dernier séjour n'a pas été de trois ans, les radiations se produisent à l'endroit habité auparavant, pourvu qu'il y ait séjourné un temps suffisant, mais si ce temps n'a été que de trois ans, les radiations ne se produisent pas.

Rémanence du corps humain après la mort. — Le corps humain après sa mort est sujet à la rémanence, c'est-à-dire que l'on peut percevoir des influences pendant trois ans après qu'il a été enlevé d'un point et transféré dans un autre. Il produirait la même rémanence si on le transférait encore.

Après la mort. — Nous disons qu'après la mort les corps et les restes des corps radient toujours : les hommes par 15 tours ou ondes de la baguette ou du pendule et les femmes par 10 tours. Les mêmes sensations se produisent sur les photos. Une personne vivante placée accidentellement sur une tombe ancienne, c'est la personne de la tombe que l'on sent en premier lieu.

Remarque. — Nous venons de nous apercevoir que si la

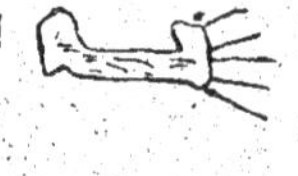

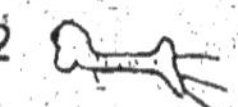

5

Restes de l'homme après sa mort.

1, os d'homme ; 2, os de femme ; 3, fossile d'homme ; 4, fossile de femme ; 5, tombe où, par la ligne du milieu, les restes impalpables radient par des ondes : 15 pour l'homme et 10 pour la femme en face de la ligne d'influence des restes.

vue exige des lunettes, il les faut pour les examens des facultés et des maladies.

TABLE DES MATIÈRES

Établissements André BRULLIARD, Saint Dizier (Haute-Marne). — 1930

www.ingramcontent.com/pod-product-compliance
Ingram Content Group UK Ltd.
Pitfield, Milton Keynes, MK11 3LW, UK
UKHW021523260726
13993UKWH00004B/1853

9 782329 195322